VIE

DE

SAINTE SOLANGE,

VIERGE ET MARTYRE,

PATRONNE DU BERRI,

Imprimée par l'ordre et avec l'approbation de Mgr. l'Archevêque de Bourges.

A BOURGES;
IMPRIMERIE DE J.-B. BRULASS.

M D CCC X.

SAINTE SOLANGE,
PRIEZ POUR NOUS.

VIE

DE

SAINTE SOLANGE,

VIERGE ET MARTYRE,

PATRONNE DU BERRI.

—

Nous ignorons l'époque précise de la naissance de Sainte Solange et celle de son glorieux martyre; mais nous savons par le calendrier du Bréviaire de Bourges, par l'Histoire gallicane et par celle du Berri, qu'elle vivait vers le milieu du neuvième siècle, sous le règne de Charles-le-Chauve, et sous le pontificat de Jean VIII, alors que Frottier occupoit le siége archiépiscopal de Bourges, qu'il ne garda que peu de temps, son institution ayant été jugée irrégulière par un Concile de la province.

Ces différens monumens et la tradition du Berri, d'autant plus respectable, que pendant une longue suite de siècles elle n'a éprouvé aucune réclamation, ni de la part des Supérieurs ecclésiastiques, nous apprennent que Sainte Solange est née au village de Villemont, paroisse de Saint-

Martin-du-Cros, distante de trois lieues de la ville de Bourges; que, peu de temps après le martyre de cette Sainte, cette paroisse, où elle fut inhumée, s'honora de son nom, et que bientôt ses miracles répétés engagèrent la province du Berri à l'adopter pour Patronne.

Les parens de Sainte Solange eurent soin de l'élever dans la piété chrétienne; ils imprimèrent dans son âme, dès l'âge le plus tendre, la haine du péché et l'amour de toutes les vertus: tel fut le riche patrimoine qu'ils lui donnèrent, et qui, apprécié par la religion de Jésus-Christ, est préférable à la plus brillante fortune. Les vertueux auteurs de ses jours étoient pauvres et de cette classe dédaignée quelquefois par l'orgueilleuse opulence, mais de qui l'Evangile dit : *Bienheureux les pauvres, parce que le ciel deviendra leur héritage.* Si la bergère de Villemont fut née sur le trône, son front sacré n'eût peut-être pas été décoré de la couronne de l'immortalité, par la raison qu'il est plus facile de la conquérir dans la pauvreté qu'au milieu des jouissances de la fortune. Solange suça, pour ainsi dire, avec le lait les ineffables douceurs de la vertu. A sept ans, elle voua à Jésus-Christ sa virginité, le choisit pour son époux, se plaisoit à prononcer son nom: il étoit gravé dans son jeune cœur. Une piété aussi tendre, fruit heureux d'une éducation si chrétienne, disposa son âme à recevoir les grâces dont le ciel se montra si libéral à son égard. Solange fût dans le village de Villemont ce qu'étoit, 400 ans avant elle, la bergère de Nantère; car, sans doute, l'immortelle Géneviève, Patronne de la capitale de la France, étoit son modèle. Celle-ci, pour prix de son amour pour Jésus-Christ, mérita la couronne de la virginité; Solange, en combattant généreusement pour conserver cette virginité précieuse, obtint, avec une semblable couronne, la palme d'un glorieux martyre.

La légende insérée dans le Bréviaire de Bourges, nous dit que notre Sainte alloit très-souvent da Villemont, où elle demeurait, dans un lieu éloigné et solitaire, connu à présent sous le nom de *Champ de Sainte Solange*, et qui est remarquable par une croix de bois qu'on a soin d'y entretenir, et dont le peuple, par dévotion, prend des éclats et de petits copeaux. C'étoit dans cette solitude qu'elle méditoit, sans doute, sur le grand et ineffable mystère de notre rédemption; qu'elle considéroit Jésus-Christ mourant pour l'amour d'elle sur l'arbre de la croix : ce fut au pied de cet arbre sacré qu'elle obtint cette pureté angélique qu'elle sut si héroïquement conserver, comme nous allons le raconter pour l'édification et l'instruction des lecteurs.

Solange étoit d'une beauté ravissante; mais ce don de la nature, quelquefois si dangereux pour les personnes de son sexe, ne servit à la bergère de Villemont qu'à manifester d'avantage sa haine pour le crime, son amour pour la chasteté, et l'héroïsme de ses vertus. Le bruit de sa rare beauté s'étant répandu dans toute la Province, parvint jusqu'aux oreilles du fils de Bernard, comte de Poitiers et de Bourges. Il part dans le dessein de lui faire l'aveu de son amour. Il étoit impossible cependant qu'il ne fût pas instruit de l'éminence de sa sainteté; la haute réputation dont elle jouissoit à cet égard, la rendoit encore plus célèbre que celle de sa grande beauté : ce devoit donc être pour lui un grand obstacle à l'exécution de ses projets insensés; mais il se flattoit qu'avec la qualité de fils du Prince du pays, il lui seroit facile de séduire, par de brillantes promesses, une jeune fille pauvre et sans expérience. On sait que le vice méconnaît la force et l'énergie que donne la religion de Jésus-Christ à ceux qui l'aiment et en pratiquent les saintes maximes : une jeune villageoise va faire connoître et cette énergie et cette force au fils de Bernard. Cet insensé, feignant de prendre le plaisir de la chasse, dirige ses pas vers l'église de la paroisse, dédiée alors, comme nous l'avons dit, à Saint-Martin, et rencontre la chaste bergère de Villemont dans ce même champ dont aussi nous avons parlé, et où elle gardoit son troupeau. C'est là que le vice le plus honteux va livrer un combat à la vertu la plus pure.

Les deux champions avoient un caractère et des sentimens bien différens : le fils de Bernard, instruit à l'école de l'immoralité, se persuade qu'on ne peut être heureux qu'en suivant ce qu'elle enseigne ; Solange, élevée dès sa plus tendre enfance à celle de Jésus-Christ, y avoit appris que la véritable félicité ne se trouve que dans le ciel, et que la seule route qui peut y conduire est l'amour et la pratique de toutes les vertus du christianisme. Pour vaincre le fils de Bernard, Solange n'avoit d'autres armes que son innocence et la grâce de Jésus-Christ, à l'impulsion de laquelle elle se montra constamment fidèle. Avec ce puissant secours, elle ne devoit pas être vaincue, et en effet elle ne le fut pas. Sa figure céleste frappe Bernard jusqu'au fond du cœur ; il descend de cheval, l'aborde et lui découvre sa criminelle passion. Une déclaration aussi brusque qu'indécente la jette dans le plus grand étonnement, et excite en elle une sainte indignation qu'elle s'empresse de lui témoigner. Alors, changeant de batterie, il cherche à la calmer, en lui protestant que ses vues sur elle sont dirigées par l'honneur ; il lui offre sa main, lui jure qu'il n'a d'autre dessein que de s'unir à elle par les liens d'un légitime mariage, et de la décorer, par cette alliance, du titre de Dame et de Comtesse du pays. Solange, fortifiée par la grâce, implore le secours du ciel, et dans cette dernière attaque, elle remporte une nouvelle victoire. Ces protestations, ces promesses ne lui firent point oublier celles que, dès l'âge le plus tendre, elle avoit faites à Jésus-Christ. Eh! qu'étoient en effet pour cette vertueuse Bergère, une fortune brillante et des titres pompeux, elle qui n'ambitionnoit que le ciel et le bonheur d'y posséder éternellement son divin époux! Elle lui répond donc avec cette noble fermeté que la religion seule peut inspirer, que, dès son enfance, elle avoit fait choix de Jésus-Christ pour son époux, et qu'elle vouloit lui rester fidèle jusqu'à son dernier soupir. Il insiste, et, emporté par un amour sensuel, sa raison s'égare, il veut lui faire violence; Solange s'efforce de l'éviter par la fuite; il la poursuit et l'atteint. Vainement il met encore en usage tous les moyens de séduction pour arriver à l'exécution de ses criminels desseins; il cherche à l'intimider par des menaces; il porte enfin l'audace jusqu'à employer la force, en la plaçant devant lui sur son cheval, à qui il fait prendre le galop. Il courait ainsi à toute bride, sans avoir égard aux prières et aux larmes de l'innocente victime qu'il sacrifioit à sa passion. Notre Sainte, épouvantée de l'attentat de cet infâme ravisseur, s'échappe encore une fois de ses mains sacriléges, en se laissant tomber de dessus le cheval; elle se dispose à passer un petit ruisseau qui couloit en cet endroit; mais l'heure étoit venue, et la couronne étoit prête. Ce malheureux, qui ne s'attendoit à rien moins qu'à une résolution si prompte et si hardie, au lieu de l'admirer, en fût transporté de fureur et de rage. A cet amour que les attraits et la vertu de Solange avoient d'abord allumé dans son cœur, et que sa première résistance n'avoit fait qu'augmenter, succède la haine la plus furieuse qui ne lui laisse plus apercevoir dans cette chaste vierge, qu'un objet d'horreur et une victime digne de sa vengeance. Il descend donc de cheval avec impétuosité; il tire un glaive meurtrier, et, dans son emportement, ce barbare lui tranche la tête, assouvissant ainsi sa cruauté aux dépens de la vie d'une Héroïne généreuse dont il aurait dû admirer le courage.

Ainsi mourut Solange dans la fleur de sa jeunesse, près d'une fontaine devenue célèbre par son glorieux martyre, et qui est à peu de distance de l'église de la paroisse de Sainte Solange. C'est ainsi que cette grande Sainte, après avoir généreusement combattu pour sa virginité qu'elle avoit consacrée à Jésus-Christ, alla recevoir de la main de son divin époux la palme du martyre dans le séjour de l'immortalité.

Le culte de Sainte Solange est fort célèbre dans le Berri dont elle est la Patronne; ce titre que lui donne cette province depuis bien des siècles, est évidemment un hommage rendu aux effets miraculeux de sa protection puissante. Une tradition si religieusement conservée sous les yeux des premiers Pasteurs, qui, dans son origine et pendant la série de plus de huit siècles, n'éprouve aucune réclamation contradictoire, semble partager en quelque sorte le crédit que mérite la tradition de l'église. Or, la dévotion du Berri envers Sainte Solange a commencé immédiatement après son martyre et s'est conservée d'âge en âge jusqu'à nos jours. Ce n'est assurément pas M. le Cardinal de la Rochefoucault, l'un des illustres Archevêques de Bourges, qui le premier a présenté à la vénération des fidèles la chaste Bergère de Villemont ; avant lui, ses prédécesseurs tenoient, des Archevêques auxquels ils succédoient, l'établissement de ce culte public dans le Berri. La dédaigneuse incrédulité n'osera jamais nier un fait de cette nature. Pourroit-elle révoquer en doute ce nombreux pélerinage qui tous les ans a lieu sur son tombeau depuis tant de siècles, et que les temps les plus sévères de la révolution n'ont pu même interrompre ? Mais ce qu'il y a de plus extraordinaire dans cette dévotion, c'est son origine. Nous exhortons nos lecteurs à peser attentivement cette importante remarque. Avant la mort de Sainte Solange, l'église de la paroisse où elle fut martyrisée, étoit dédiée à saint Martin ; personne n'ignore que ce saint Evêque étoit l'objet de la vénération de la France et même de l'Europe. Les miracles que Dieu, pour manifester sa puissance, opéra par ce grand Saint, le firent surnommer le Thaumaturge de la France. Solange meurt, et, bientôt après, la paroisse de Saint-Martin change de nom pour prendre celui de Sainte Solange. Qui a donc pu opérer un aussi étonnant changement ? Jésus-Christ, son divin époux, qui voulut qu'elle devînt non-seulement la Patronne de ce village, mais encore la protectrice de toute la Province. En couronnant dans le ciel les sublimes vertus de la Bergère de Villemont, il voulut qu'elle eût des autels dans le pays même qui l'avoit vu naître, et la glorifia par d'éclatans miracles qui s'opérèrent sur son tombeau après son martyre. Voilà ce qui porta une grande province à la proclamer sa Patronne ; et ses concitoyens, en donnant son nom à leur église et à leur paroisse, voulurent offrir ainsi, comme nous l'avons déjà dit, l'hommage de leur pieuse reconnoissance à cette grande Sainte qui, après les avoir si souvent édifiés par ses vertus, se déclaroit si hautement, par ses nombreux et bienfaisans prodiges, leur protectrice auprès de Dieu.

En temps de sécheresse, la ville de Bourges a souvent éprouvé ce que peut Solange auprès de Dieu. On y apportoit ses saintes reliques lorsqu'elles existoient ; le Clergé et les magistrats les alloient recevoir processionnellement jusqu'au faubourg Saint-Privé, et les vœux des fidèles réunis à ceux des Ministres du Seigneur, ont toujours été suivis d'heureux et prompts succès. M. Pierre Loysel, Docteur de Sorbonne et Chancelier de l'Université de Paris, fut témoin des effets miraculeux de la protection de cette grande Sainte. Le Berri se trouvoit alors désolé par une sécheresse désespérante, tout dépérissoit visiblement dans les campagnes. Dans une telle extrémité, on se rappelle les merveilles que Jésus-Christ avoit si souvent opérées par Solange son épouse, en des conjonctures aussi fâcheuses : à cette pensée la confiance se ranime dans tous les cœurs, on se persuade que le salut du peuple étoit réservé à la Bergère de Villemont. Le Clergé de cette ville, suivi d'un peuple immense, se rend à la Métropole, où la dévotion des Prêtres et des fidèles éclate par des hymnes et des cantiques à la gloire de cette Sainte; la ferveur du peuple ne tarde pas à être récompensée. Le ciel qui étoit serein, se couvre tout-à-coup de nuages ; la pluie tombe avec tant d'abondance, que la terre en est promptement pénétrée et reprend une nouvelle face. Les herbes desséchées reverdissent ; les blés, dont on commençoit à ne plus rien espérer, reçoivent une nouvelle vigueur, ainsi que les arbres, les vignes et les autres productions de la terre. C'est en mémoire de cet extraordinaire événement, que ce Docteur composa une prose insérée dans l'histoire du Berri, sous la date du 26 septembre 1656, ce qui sembleroit annoncer que le prodige seroit arrivé la même année.

Vu, approuvé la présente Vie de Sainte Solange, rédigée par notre ordre, et les Cantique et Litanies en son honneur, contenus en un cahier séparé de ladite Vie, également vus par vous et corrigés par notre ordre : Nous en permettons l'impression au sieur BRULASS, notre seul Imprimeur, aux mêmes termes exprimés dans notre privilége exclusif à lui par nous accordé le 1.er mai 1805, en vertu du décret impérial en date du 7 germinal an 13, lequel dit privilége est imprimé à la tête des livres lithurgiques à l'usage de notre Diocèse.

A Bourges, le 1.er juin 1805.

† M. C. IS, Archevêque de Bourges.

Par Monseigneur l'Archevêque :

VILLOING, *Chanoine, Secrétaire-général.*

N. B. M.gr de Mercy, Archevêque de Bourges, a établi, le 30 avril 1805, dans l'église paroissiale de Ste. Solange, une Confrairie sous l'invocation de cette grande Sainte. Cette pieuse association a été enrichie par l'Autorité pontificale de quatre Indulgences plénières, savoir : 1.º le jour de l'inscription dans ladite Confrairie ; 2.º le jour de la Fête de Ste. Solange ; 3.º le jour de l'Assomption

(pour jouir de ces trois Indulgences, il faut se confesser et communier dans l'intention de les gagner); 4.º à l'article de la mort; mais dans ce cas, si on ne peut recevoir ces sacremens, il suffit d'invoquer de cœur, si l'on ne le peut de bouche, le SAINT NOM DE JÉSUS.

Il y avoit, dans l'église paroissiale de Saint-Pierre-le-Puellier de la ville de Bourges, une Confrairie de Sainte Solange qui a cessé d'exister, ainsi que ladite église, lors des troubles de la révolution. Mgr. DE MERCY, voulant favoriser la piété d'un grand nombre de fidèles qui en désiroient le rétablissement, l'a transférée dans une des chapelles de Saint-Etienne, laquelle a été décorée avec autant de goût que de magnificence par M. l'Abbé Pignot, Chanoine honoraire de l'église métropolitaine. Les deniers de cette pieuse association sont employés aux décorations intérieures de cette église, conformément au décret de Mgr. l'Archevêque, en date du 22 avril 1805. Cette Confrairie a été enrichie d'une Indulgence plénière pour le 10 de mai, jour de la fête de Sainte Solange; d'une autre pareille Indulgence le jour de la translation de ses saintes Reliques, qui se célèbre le lendemain du jour de la Pentecôte; le jour de l'inscription dans cette Confrairie, et à l'article de la mort.

www.ingramcontent.com/pod-product-compliance
Lightning Source LLC
Chambersburg PA
CBHW070439080426
42450CB00031B/2731